국민* 기초한국어
워크북

국민대학교 국제교육원

국민대학교 출판부

국민* 기초한국어 워크북

초판 1쇄	2020년 8월 17일
편 집 인	국민대학교 국제교육원
편 저 자	정연희, 박근영, 윤보은, 강보미
감 수	이동은
발 행 인	임홍재
발 행 처	국민대학교 출판부
전 화	02-910-4242~3
팩 스	02-910-4240
인쇄 · 편집	동방인쇄공사
전 화	02-468-0301

ISBN 978-89-7812-464-5
978-89-7812-462-1(세트)

값 9,000원 (세트 31,000원)

※ 이 책의 일부 이미지는 저작권위원회 공유마당(http://copyright.or.kr(아이스크림-p.37), 꽃-p.64(정선애)), flaticon(https://www.flaticon.com/authors/freepik(라면-p.37))에서 사용하였다

차례

한글 1

한글 2

한글 3

01과 어느 나라 사람이에요?

02과 그게 뭐예요?

03과 어디에 있어요?

04과 이 모자 얼마예요?

05과 어디에 가요?

06과 커피 한 잔 주세요

07과 저는 지금 숙제를 해요

08과 오늘 학교에 안 가요

09과 월요일에 시험이 있어요

10과 한국 생활이 재미있어요

한글 1

모음(1) ㅏ ㅓ ㅗ ㅜ ㅡ ㅣ

1. 쓰세요.

아	아					
어		어				
오			오			
우				우		
으					으	
이						이

2. 다음 단어를 읽고 쓰세요.

아이	아	이				
아우						
오이						

자음(1) ㄱ ㄴ ㅁ ㅅ ㅇ

1. 쓰세요.

	ㅏ	ㅓ	ㅗ	ㅜ	ㅡ	ㅣ
ㄱ	가	거	고	구	그	기
ㅁ						

	ㅏ	ㅓ	ㅗ	ㅜ	ㅡ	ㅣ
ㄴ						
ㅅ	사	서	소	수	스	시

2. 다음 단어를 읽고 쓰세요.

가구	가	구				
나무						
모기						
사이						
아마						

거미	거	미				
누나						
미소						
수고						
어느						

모음(2) ㅑ ㅕ ㅛ ㅠ

1. 쓰세요.

	ㅑ	ㅕ	ㅛ	ㅠ
ㄱ	갸			
ㅁ		며		
ㅇ			요	

	ㅑ	ㅕ	ㅛ	ㅠ
ㄴ				뉴
ㅅ	샤			

2. 다음 단어를 읽고 쓰세요.

교사	교	사						
뉴스								
야구								
여우								
요가								

한글 2

자음(2) ㄷ ㄹ ㅂ ㅈ ㅎ

1. 쓰세요.

	ㅏ	ㅓ	ㅗ	ㅜ	ㅡ	ㅣ	ㅑ	ㅕ	ㅛ	ㅠ
ㄷ	다						댜			
ㄹ		러						려		
ㅂ			보						뵤	
ㅈ				주						쥬
ㅎ					흐					

2. 다음 단어를 읽고 쓰세요.

단어												
나라	나	라										
나비	나	비										
다리												
도시												
모자												
바지												
부모												
비누												
아주												
저기												
주스												
지도												
하마												
허리												
호주												
휴지												

자음(3) ㅋ ㅌ ㅍ ㅊ

1. 쓰세요.

	ㅏ	ㅓ	ㅗ	ㅜ	ㅡ	ㅣ	ㅑ	ㅕ	ㅛ	ㅠ
ㅋ	카									
ㅌ			토							
ㅍ					프					
ㅊ							챠			
										츄

2. 다음 단어를 읽고 쓰세요.

고추	고	추						
기차								
우표								
커피								
쿠키								
타조								
터키								
파리								
포도								
피리								
치마								
치즈								

자음(4) ㄲ ㄸ ㅃ ㅆ ㅉ

1. 쓰세요.

	ㅏ	ㅓ	ㅗ	ㅜ	ㅡ	ㅣ
ㄲ	까					
ㅃ			뽀			
ㅉ					쯔	

	ㅏ	ㅓ	ㅗ	ㅜ	ㅡ	ㅣ
ㄸ		떠				
ㅆ				쑤		

2. 다음 단어를 읽고 쓰세요.

까치	까	치				
따요						
아빠						
싸요						
짜요						
코끼리	코	끼	리			
따라요						
바빠요						

한글 3

모음(3) ㅔ ㅐ ㅒ ㅖ ㅘ ㅝ ㅚ ㅙ ㅞ ㅟ ㅢ

1. 쓰세요.

	ㅔ	ㅐ	ㅒ	ㅖ	ㅘ	ㅝ	ㅚ	ㅙ	ㅞ	ㅟ	ㅢ
ㅇ	에							왜			
ㄱ		개							궤		
ㄴ			냬							뉘	
ㅁ				몌							믜
ㅅ					솨						
ㄷ						둬					

	ㅔ	ㅐ	ㅒ	ㅖ	ㅘ	ㅝ	ㅚ	ㅙ	ㅞ	ㅟ	ㅢ
ㄹ							뢰				
ㅂ	베							봬			
ㅈ		재							줴		
ㅎ			햬							휘	
ㅋ				켸							킈
ㅌ					톼						
ㅍ						풔					
ㅊ							최				

2. 다음 단어를 읽고 쓰세요.

배우						
새우						
채소						
가게	가	게				
얘기						
시계						
샤워						
가위						
사과	사	과				
외가						
돼지						
의사						
의자						
웨이터	웨	이	터			
외워요	외	워	요			
쉬어요						

받침(1)

1. 쓰세요.

악	악				
앆		앆			
안	안				
앋	앋				
앝		앝			
앗			앗		
았				았	
앚					앚
앟					앟
알	알				
암	암				
압	압				
앞		앞			
앙	앙				

2. 다음 단어를 쓰세요.

수박	수	박				
부엌						
레몬						
언니						
한국						
듣다						
히읗						
가을	가	을				
딸기						
김치						
남산						
덮밥						
무릎						
종이						
한강						

받침(2)

1. 읽고 쓰세요.

몫	몫					
흙						
낚시						
앉다						
않다						
있다						
젊다						
삶다						
여덟						
넓다						
핥다						
잃다						
읊다						
없다						

2. 다음 단어를 읽고 쓰세요.

몫과	몫	과			몫이	몫	이		
읽다					읽어				
닭다					닭아				
앉다					앉아				
젊다					젊어				
밟다					밟아				
핥다					핥아				
싫다					싫어				
읊다					읊어				
없다					없어				
있다					있어				

MEMO

01과 어느 나라 사람이에요?

어휘

1. 각 나라 국기를 보고 단어를 완성하세요.

1) 
한 국

2) 
ㅁ 국

3) 
캐 ㄴ 다

4) 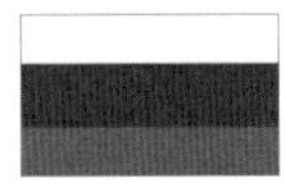
러 ㅅ 아

5) 
ㅈ 국

6) 
ㅁ 골

7) 
ㅇ 본

8) 
베 ㅌ 남

9) 
ㅇ 국

10) 
사 ㅇ 디 ㅇ 라 비 아

2. 〈보기〉에서 알맞은 단어를 골라 쓰세요.

보기
의사 요리사 경찰관 통역사 기자 미용사 회사원
운동선수 선생님 변호사 간호사 가수

① 경찰관

② ....

③ ....

④ ....

⑤ ....

⑥ ....

⑦ ....

⑧ ....

⑨ ....

⑩ ....

⑪ ....

⑫ ....

저는 ~이에요/예요

1. 맞는 것을 고르세요.

1) 마이클(이에요, 예요).
2) 장핑(이에요, 예요).
3) 마키(이에요, 예요).
4) 회사원(이에요, 예요).
5) 가수(이에요, 예요).
6) 일본 사람(이에요, 예요).

2. 그림을 보고 〈보기〉와 같이 대화를 완성하세요.

보기

몽골

가 : 어느 나라 사람이에요?

나 : 몽골 사람이에요 .

1) 한국

가 : 어느 나라 사람이에요?

나 : ______________ .

2) 베트남

가 : 어느 나라 사람이에요?

나 : ______________ .

3) 중국

가 : 어느 나라 사람이에요?

나 : ______________________________ .

4) 미국

가 : ______________________________ ?

나 : ______________________________ .

5) 일본

가 : ______________________________ ?

나 : ______________________________ .

3. 그림을 보고 〈보기〉와 같이 대화를 완성하세요.

보기

왕쯔이 / 의사

가 : 이름이 뭐예요?

나 : 저는 왕쯔이예요 .

가 : 왕쯔이 씨는 의사예요?

나 : 네, 의사예요 .

1) 마이클 / 운동선수

가 : 이름이 뭐예요?

나 : ______________________________ .

가 : 마이클 씨는 운동선수예요?

나 : 네, ______________________________ .

2) 제프리 / 기자

가 : 이름이 뭐예요?

나 : ....

가 : 제프리 씨는 .... ?

나 : 네, ...

3) 김수민 / 학생

가 : .... ?

나 : ....

가 : .... ?

나 : 네, ...

4) 알렉세이 / 경찰관

가 : .... ?

나 : ....

가 : .... ?

나 : 네, ...

이/가 아니에요

1. 맞는 것을 고르세요.

1) 경찰(이, 가) 아니에요.

2) 의사(이, 가) 아니에요.

3) 학생(이, 가) 아니에요.

4) 선생님(이, 가) 아니에요.

5) 가수(이, 가) 아니에요.

6) 요리사(이, 가) 아니에요.

2. 그림을 보고 〈보기〉와 같이 대화를 완성하세요.

보기

학생(×)

가 : 학생이에요?

나 : 아니요, 학생이 아니에요.

1) 회사원 (×)

가 : 회사원이에요?

나 : ....

2) 간호사 (×)

가 : 간호사예요?

나 : ....

3) 의사 (×)

가 : .... ?

나 : ....

4) 경찰관 (×)

가 : .... ?

나 : ....

5) 기자 (×)

가 : .... ?

나 : ....

3. 그림을 보고 〈보기〉와 같이 대화를 완성하세요.

보기

왕쯔이 / 중국

가 : 이름이 뭐예요?

나 : 저는 왕쯔이예요.

가 : 왕쯔이 씨는 일본 사람이에요?

나 : 아니요, 일본 사람이 아니에요.

중국 사람이에요.

1) 폼펜 / 태국

가 : 이름이 뭐예요?

나 : ....

가 : 폼펜 씨는 일본 사람이에요?

나 : ....

....

2) 톰 / 호주

가 : 이름이 뭐예요?

나 : ....

가 : 톰 씨는 미국 사람이에요?

나 : ....

....

3) 이하늘 / 선생님

가 : 이름이 뭐예요?

나 : ....

가 : .... 학생이에요?

나 : ....

....

4) 압둘라 / 운동선수

가 : 이름이 뭐예요?

나 : ....

가 : .... 회사원이에요?

나 : ....

....

5) 제시카 / 여자

가 : 이름이 뭐예요?

나 : ....

가 : .... 남자예요?

나 : ....

....

4. 다음 대화를 완성하십시오.

장핑 안녕하세요?

이리나 안녕하세요? 저는 이리나예요. 1) .... ?

장핑 저는 장핑이에요.

이리나 장핑 씨는 2) .... ?

장핑 저는 중국 사람이에요. 3) .... ?

이리나 저는 러시아 사람이에요. 장핑 씨는 학생이에요?

장핑 아니요, 4) .... 요리사예요.

이리나 씨는 회사원이에요?

이리나 네, 5) ....

02과 그게 뭐예요?

사물 명사

1. 그림을 보고 단어를 완성하세요.

1) | 카 | | 라 |

2) | | 경 |

3) | 지 | |

4) | 핸 | | 폰 |

2. 관계있는 것을 연결하세요.

볼펜	필통	지우개	수첩	연필
①	②	③	④	⑤
•	•	•	•	•
•	•	•	•	•
㉠	㉡	㉢	㉣	㉤

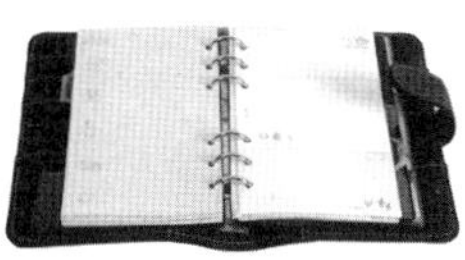

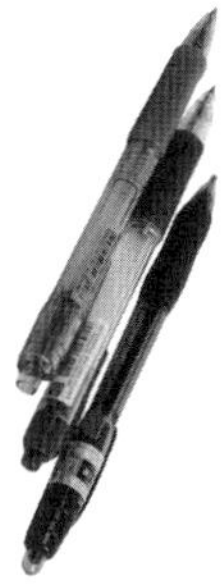

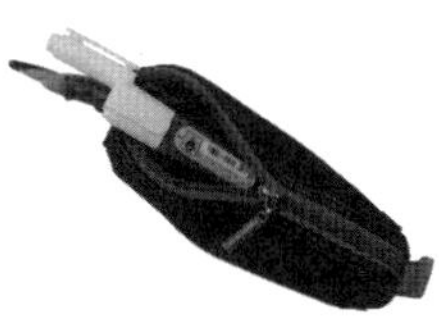

3. 그림을 보고 [ ] 에 알맞은 단어를 쓰세요.

이/그/저

1. 그림을 보고 알맞은 것을 고르세요.

1) (이게, 그게, 저게) 지도예요.

2) (이게, 그게, 저게) 텔레비전이에요.

3) (이게, 그게, 저게) 필통이에요.

4) (이게, 그게, 저게) 달력이에요.

5) (이게, 그게, 저게) 시계예요.

6) (이게, 그게, 저게) 연필이에요.

2. 그림을 보고 〈보기〉와 같이 대화를 완성하세요.

보기

가 : 이게 뭐예요?

나 : 의자예요.

1) 

가 : ________________ 뭐예요?

나 : 책상이에요.

2) 

가 : ________________ 뭐예요?

나 : 시계예요.

3) 

가 : ________________ 뭐예요?

나 : ________________________________.

4) 

가 : ....?

나 : ....

5) 

가 : ....?

나 : ....

3. 다음 그림을 보고 대화를 완성하십시오.

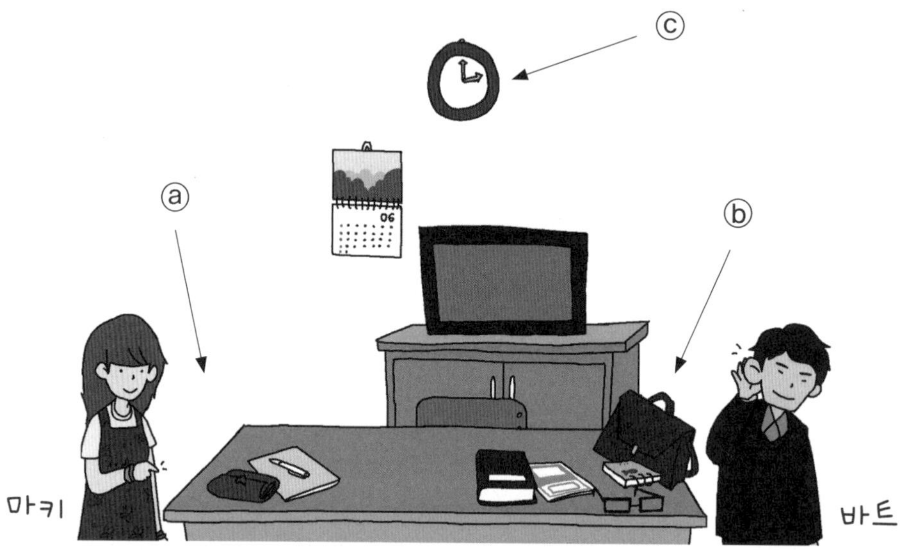

마키 : **보기** ⓐ이게 뭐예요?

바트 : 1) ⓐ ....

마키 : 2) ⓑ .... 뭐예요?

바트 : 3) ⓑ ....

마키 : 그럼 4) ⓒ ....?

바트 : 5) ⓒ ....

03과 어디에 있어요?

어휘

1. 그림을 보고 단어를 완성하세요.

커		숍

	점

	교

P	C	

2. 관련 있는 것을 연결하세요.

휴게실	컴퓨터실	운동장	교실
①	②	③	④
•	•	•	•
㉠	㉡	㉢	㉣

이/가 있다/없다

1. 맞는 것을 고르세요.

1) 에어컨(이, 가) 있어요.
2) 책상(이, 가) 있어요.
3) 의자(이, 가) 없어요.
4) 라디오(이, 가) 없어요.
5) 창문(이, 가) 없어요.
6) 시계(이, 가) 없어요.

에[1]

1. 그림을 보고 질문에 대답하세요.

1) 가방에 무엇이 있어요?

핸드폰(O)　볼펜(×)　책(　)　지갑(　)　필통(　)　화장품(　)

(1) 가방에 핸드폰이 있어요.
(2) 가방에 볼펜이 없어요.
(3) ....
(4) ....
(5) ....
(6) ....

2) 방에 무엇이 있어요?

책상( ) 의자( ) 휴지통( ) 컴퓨터( ) 텔레비전( )

(1) .

(2) .

(3) .

(4) .

(5) .

2. 그림을 보고 〈보기〉와 같이 대화를 완성하세요.

| 보기 |

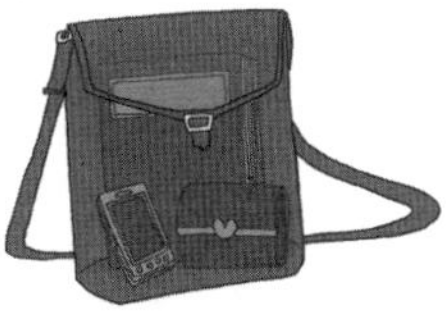

가 : 핸드폰이 어디에 있어요?
나 : 가방에 있어요 .

1)

가 : 학생증이 어디에 있어요?

나 : .

2)

가 : 필통이 어디에 있어요?

나 : .

3) 

가 : 볼펜이 어디에 있어요?

나 : ....

4) 

가 : 이리나 씨가 어디에 있어요?

나 : ....

5) 

가 : 간토야 씨가 어디에 있어요?

나 : ....

6) 

가 : 압둘라 씨가 어디에 있어요?

나 : ....

3. 다음 그림을 보고 대화를 완성하십시오.

가 : 민아 씨가 교실에 있어요?

나 : 아니요, 1) ....

가 : 그럼 어디에 있어요?

나 : 2) ....

04과 이 모자 얼마예요?

어휘

1. 그림을 보고 단어를 완성하세요.

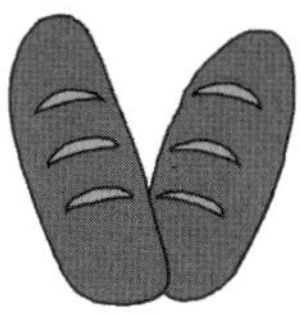

① ㄹ ㅁ　② ㅃ　③ ㅈ ㅅ　④ ㅅ ㄱ　⑤ ㅇ ㅇ ㅅ ㅋ ㄹ

한자어 숫자

1. 다음 숫자를 읽고 쓰세요.

1	2	3	4	5	6	7	8	9	10
일					육				
11	12	13	14	15	16	17	18	19	20
		십삼							
30	40	50	60	70	80	90	100	1,000	10,000
		오십							

2. (　　)에 알맞은 단어를 쓰세요.

1월(일월)	2월(　　)	3월(　　)	4월(　　)	5월(　　)	6월(　　)
7월(　　)	8월(　　)	9월(　　)	10월(　　)	11월(　　)	12월(　　)

3. 〈보기〉와 같이 숫자를 읽고 쓰세요.

〈보기〉 5 오

1) 13 .... 2) 69 .... 3) 26 .... 4) 37 ....

5) 41 .... 6) 540 .... 7) 1700 ....

4. 그림을 보고 대화를 완성하세요.

1) 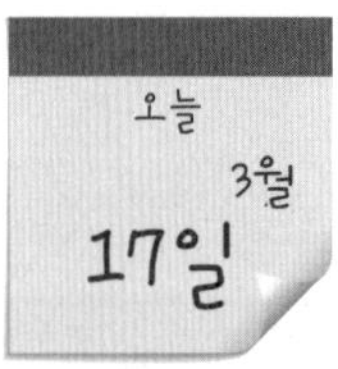

가 : 오늘 며칠이에요?

나 : 삼월 십칠 일이에요 .

2) 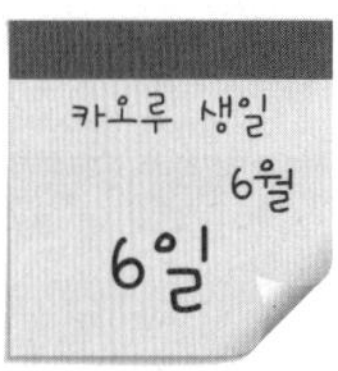

가 : 카오루씨 생일이 며칠이에요?

나 : ....

3) 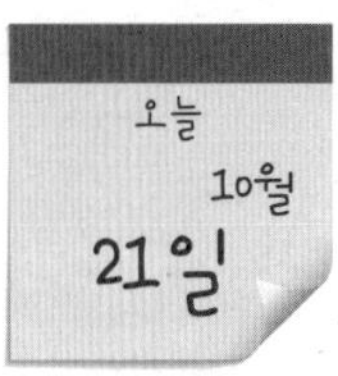

가 : 오늘 .... ?

나 : ....

4) 

가 : PC방이 몇 층에 있어요?

나 : ....

5) 

가 : 제프리 씨 전화번호가 몇 번이에요?

나 : ....

8 가격

1. 그림을 보고 〈보기〉와 같이 대화를 완성하세요.

보기

가 : 볼펜이 얼마예요?

나 : 오백 원이에요 .

1)

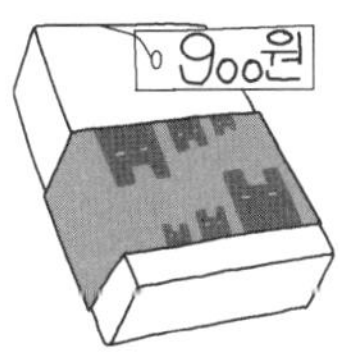

가 : 지우개가 얼마예요?

나 : ....

2)

가 : 커피가 얼마예요?

나 : ....

3)

가 : 책이 얼마예요?

나 : ....

4)

가 : 우표가 .... ?

나 : ....

5)

가 : 가방이 .... ?

나 : ....

2. 다음 그림을 보고 대화를 완성하세요.

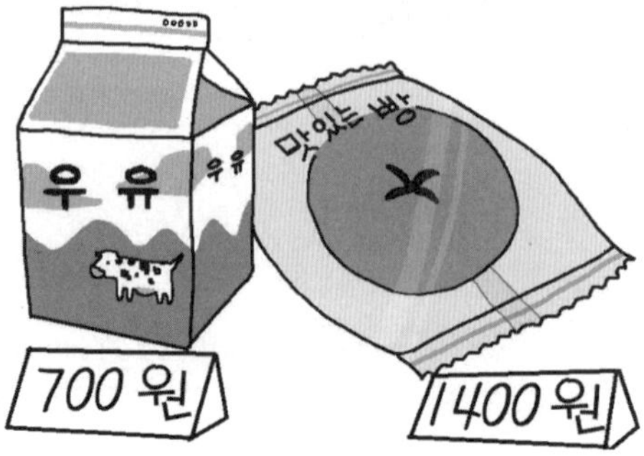

가 : 이 빵 얼마예요?

나 : 1) .... 원이에요.

가 : 그럼, 우유는 2) .... ?

나 : 3) .... 원이에요.

가 : 빵하고 우유 주세요. 모두 얼마예요?

나 : 4) .... 원이에요.

05과 어디에 가요?

장소명사

1. 관계있는 것을 연결하세요.

(1) • (2) • (3) • (4) •

ⓖ 병원 ⓛ 우체국 ⓒ 은행 ⓔ 식당 ⓜ 미용실 ⓑ PC방 ⓢ 도서관 ⓞ 공원

• (5) • (6) • (7) • (8)

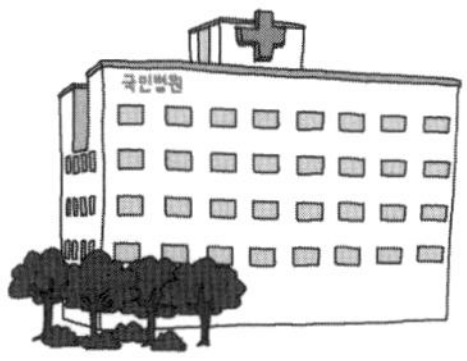

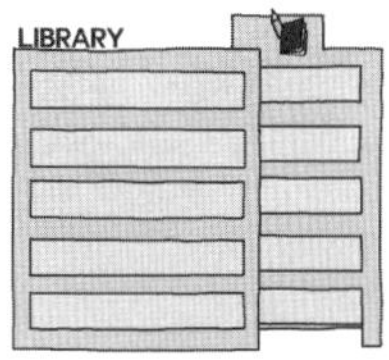

에 가다

1. 그림을 보고 대화를 완성하세요.

1)

가 : 어디에 가요?

나 : 학교에 가요 .

2)

가 : 어디에 가요?

나 : ....

3)

가 : 어디에 가요?

나 : ....

4)

가 : 어디에 가요?

나 : ....

5)

가 : ....?

나 : ....

6)

가 : ....?

나 : ....

7)

가 : ....?

나 : ....

06과 커피 한 잔 주세요

고유어 숫자, 단위 명사

1. 다음 숫자를 읽고 쓰세요.

1	2	3	4	5	6	7	8	9	10
하나									
한 개									

11	12	13	14	15	16	17	18	19	20
열하나									
열한 개									

30	40	50	60	70	80	90	100	1,000	10,000
서른									

2. 〈보기〉에서 알맞은 단어를 골라 (　　)에 쓰세요.

보기
개　명　잔　병　장　권

1) 책 → (권)　　2) 학생 → (　　)

3) 빵 → (　　)　　4) 커피 → (　　)

5) 맥주 → (　　)　　6) 표 → (　　)

3. 그림을 보고 대화를 완성하세요.

1) 가 : 공원에 의자가 몇 개 있어요?

나 : 공원에 의자가 세 개 있어요 .

2) 가 : 공원에 사람이 몇 명 있어요?

나 : .

3) 가 : 공원에 개가 몇 마리 있어요?

나 : .

4) 가 : 공원에 휴지통이 ?

나 : .

주문

1. 그림을 보고 〈보기〉와 같이 문장을 완성하십시오.

보기

수첩 한 권, 볼펜 한 자루 주세요 .

1) ....

2) ....

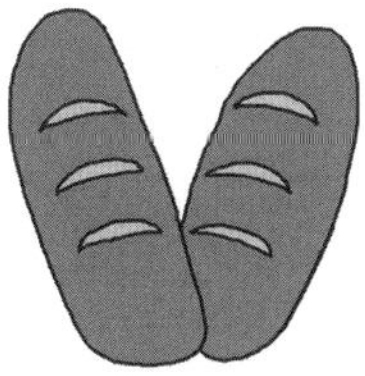

3) ....

4) ....

5) ....

6) ....

2. 다음 그림을 보고 대화를 완성하세요.

점원 : 어서 오세요.

손님 : 1) .... 주세요.

(케이크1, 커피3, 콜라1, 주스2)

점원 : 지금 콜라가 없어요.

손님 : 그럼, 2) .... 3) ....

(커피 4)

점원 : 네, 4) .... 이에요/예요?

(케이크1, 커피4, 주스2)

손님 : 네.

점원 : 모두 5) .... 원이에요.

(21,500)

07과 저는 지금 숙제를 해요

동사

1. 〈보기〉에서 알맞은 동사를 골라서 쓰세요.

> **보기**
> 오다 만나다 공부하다 쉬다 마시다 씻다 샤워하다 먹다 ~~가다~~
> 기다리다 자다 운동하다 청소하다 요리하다 읽다 전화하다

1) 가다

2) ....

3) ....

4) ....

5) ....

6) ....

7) ....

8) ....

9) ....

10) ....

11) ....

12) ....

13) ....

14) ....

15) ....

16) ....

8 -아/어/여요

1. 다음 표를 완성하세요.

기본형	-아/어/여요	기본형	-아/어/여요
가다	가요	오다	
보다		배우다	
마시다		쉬다	
먹다	먹어요	읽다	
씻다		만들다	
있다		없다	
운동하다	운동해요	공부하다	
청소하다		*쓰다	

2. 〈보기〉와 같이 쓰세요.

보기

집에 가다 → 집에 가요 .

1) 돈이 없다 → ....

2) 에어컨이 있다 → ....

3) 매일 샤워하다 → ....

4) 집에서 쉬다 → ....

5) 학생이 공부하다 → ....

6) 친구가 한국에 오다 → ....

8 을/를

1. 맞는 것을 고르세요.

1) 청소(을, 를) 해요.
2) 운동(을, 를) 해요.
3) 고기(을, 를) 먹어요.
4) 밥(을, 를) 먹어요.
5) 책(을, 를) 봐요.
6) 영화(을, 를) 봐요.

2. 관계있는 것을 연결하고 문장을 완성하세요.

1) 손 •	• 만나다
2) 쿠키 •	• 씻다
3) 커피 •	• 마시다
4) 한국말 •	• 만들다
5) 친구 •	• 배우다
6) 책 •	• 읽다

1) 손을 씻어요.
2) ______________________.
3) ______________________.
4) ______________________.
5) ______________________.
6) ______________________.

3. 〈보기〉와 같이 대화를 완성하세요.

보기

가 : 무엇을 읽어요?

나 : 신문을 읽어요.

1) 

가 : 무엇을 배워요?

나 : ....

2) 

가 : 무엇을 만들어요?

나 : ....

3) 

가 : 무엇을 봐요?

나 : ....

4) 

가 : ....

나 : 우유를 마셔요.

5) 

가 : ....

나 : 친구를 만나요.

08과 오늘 학교에 안 가요

어휘

1. 다음에서 알맞은 것을 골라 쓰세요.

아르바이트를 하다 / 산책을 하다 / 과일을 사다 / 돈을 찾다

1) 
(산책을 하다)

2) 
( )

3) 
( )

4) 
( )

노래방 / 회사 / 백화점

5) 
( )

6) 
( )

7) 
( )

8 안

1. 〈보기〉와 같이 쓰세요.

| 보기 |

윤아 씨는 김치를 먹어요. → 제프리 씨는 김치를 안 먹어요.

1) 윤아 씨는 책을 읽어요.

→ 제프리 씨는 ....

2) 윤아 씨는 돼지고기를 먹어요.

→ 제프리 씨는 ....

3) 윤아 씨는 치마를 입어요.

→ 제프리 씨는 ....

4) 윤아 씨는 영어를 배워요.

→ 제프리 씨는 ....

5) 윤아 씨는 매일 운동을 해요.

→ 제프리 씨는 ....

2. 〈보기〉와 같이 대화를 완성하세요.

보기
가 : 시장에 가요?
나 : 아니요, 시장에 안 가요 .

1) 가 : 남자 친구를 만나요?

나 : 아니요, ______________________ .

2) 가 : 한국 영화를 봐요?

나 : 아니요, ______________________ .

3) 가 : 아기가 자요?

나 : 아니요, ______________________ .

4) 가 : 담배를 피워요?

나 : 아니요, ______________________ .

5) 가 : 김치를 먹어요?

나 : 아니요, ______________________ .

6) 가 : 민수 씨는 공부해요?

나 : 아니요, ______________________ .

7) 가 : 지금 운동해요?

나 : 아니요, 지금 ______________________ .

3. 그림을 보고 대화를 완성하세요.

보기

가 : 바트 씨는 자요?

나 : 아니요, 안 자요.

신문을 읽어요.

1) 

가 : 지훈 씨는 공부해요?

나 : 아니요, ______________.

______________.

2) 

가 : 알렉세이 씨는 쉬어요?

나 : 아니요, ______________.

______________.

3) 

가 : 바트 씨는 약국에 가요?

나 : 아니요, ______________.

______________.

4) 

가 : 압둘라 씨는 주스를 마셔요?

나 : 아니요, ______________.

______________.

5) 

가 : 지훈 씨가 텔레비전을 봐요?

나 : 아니요, ______________.

______________.

8 에서

1. 관계있는 것을 연결하고 문장을 완성하세요.

1) 도서관 • —————— • 책을 읽다

2) 약국 • • 가방을 사다

3) 커피숍 • • 영화를 보다

4) 영화관 • • 약을 사다

5) 백화점 • • 커피를 마시다

6) 공원 • • 자전거를 타다

1) 도서관에서 책을 읽어요.

2) ______________________.

3) ______________________.

4) ______________________.

5) ______________________.

6) ______________________.

2. 다음을 읽고 맞는 것을 고르세요.

1) 학교(에, 에서) 가요.

2) 집(에, 에서) 텔레비전을 봐요.

3) 친구가 우리 집(에, 에서) 와요.

4) 공원(에, 에서) 운동해요.

5) 책상 위(에, 에서) 책이 있어요.

6) 커피숍(에, 에서) 친구를 만나요.

7) 공항(에, 에서) 비행기를 타요.

3. 다음 그림을 보고 질문에 답하세요.

보기

가 : 간토야 씨가 어디에서 무엇을 해요?

나 : 집에서 텔레비전을 봐요 .

1)

가 : 윤아 씨가 어디에서 무엇을 해요?

나 : ....

2)

가 : 어디에서 무엇을 해요?

나 : ....

3)

가 : 마키 씨가 어디에서 무엇을 해요?

나 : ....

4)

가 : 이리나 씨가 어디에서 무엇을 해요?

나 : ....

5)

가 : 카오루 씨가 어디에서 무엇을 해요?

나 : ....

4. 다음 대화를 완성하세요.

가 : 자요?

나 : 아니요, 1) ________________ .

가 : 뭐 해요?

나 : 2) ________________ . 내일 시험이 있어요.

가 : 3) ________________ 공부를 해요?

나 : 도서관에서 공부를 해요.

09과 월요일에 시험이 있어요

어휘

1. 알맞은 단어를 골라서 (　　) 안에 쓰세요.

1) 토요일　금요일　~~월요일~~　수요일　화요일　일요일　목요일　주말

MON 월요일	TUE (　　)	WED (　　)	THU (　　)	FRI 금요일	SAT (　　)	SUN (　　)
					←→ (　　)	

2) 점심　저녁　아침　오후　오전

7:00　8:00　9:00　10:00　11:00　12:00　13:00　14:00　15:00　16:00　17:00　18:00　19:00　20:00　21:00

7:00–12:00: (① 　　)　12:00–21:00: (② 　　)

7:00–9:00: (③ 　　)　11:00–13:00: (④ 　　)　18:00–21:00: (⑤ 　　)

에[2]

1. 〈보기〉와 같이 대화를 완성하세요.

MON	TUE	WED	THU	FRI	SAT	SUN
5 어린이날 놀이공원	6 친구	7 영어 수업	8 생일파티♥	9 운동	10 dance	11 제주도 여행

보기

가 : 언제 놀이공원에 가요?

나 : 월요일에 놀이공원에 가요 .

1) 가 : 언제 생일 파티를 해요?

나 : ________ .

2) 가 : 언제 친구를 만나요?

나 : ________ .

3) 가 : 언제 영어 수업이 있어요?

나 : ________ .

4) 가 : 언제 춤을 배워요?

나 : ________ .

5) 가 : 언제 제주도에 가요?

나 : ________ .

2. 〈보기〉에서 골라 질문에 대답하세요.

보기

방학 오전 주말 오후 생일 저녁

1) 

가 : 언제 한국어를 공부해요?

나 : 오전에 한국어를 공부해요 .

2) 

가 : 언제 숙제를 해요?

나 : ________ .

3) 

가 : 언제 운동을 해요?

나 : ....

4) 

가 : 언제 고향에 가요?

나 : ....

5) 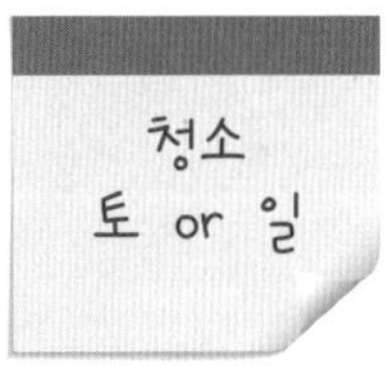

가 : 언제 청소를 해요?

나 : ....

6) 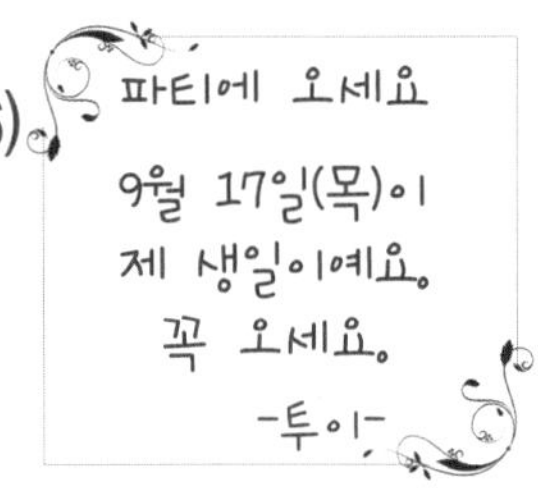

가 : 언제 파티를 해요?

나 : ....

8 하고

1. 〈보기〉와 같이 쓰세요.

| 보기 |

방에 책상이 있어요. 방에 텔레비전이 있어요.

→ 방에 책상하고 텔레비전이 있어요 .

1) 우리 반에 프랑스 학생이 없어요. 우리 반에 미국 학생이 없어요.

→ ....

2) 장핑 씨가 라면을 먹어요. 장핑 씨가 김밥을 먹어요.

→ ....

3) 마키 씨가 도서관에 가요. 윤아 씨가 도서관에 가요.

→ ....

4) 수요일에 수영을 해요. 금요일에 수영을 해요.

→ ....

5) 서점에서 교과서를 사요. 서점에서 사전을 사요.

→ ....

2. 그림을 보고 〈보기〉와 같이 대화를 완성하세요.

보기

가 : 무엇을 먹어요?

나 : 우유하고 빵을 먹어요 .

1)

가 : 무엇을 안 마셔요?

나 : ....

2)

월	화	수	목	금	토	일
운동				운동		

가 : 언제 운동을 해요?

나 : ....

3)

가 : 무엇을 배워요?

나 : ....

4)

가 : 오늘 어디에 가요?

나 : ....

5)

가 : 누가 영화를 봐요?

나 : ....

3. 다음 대화를 완성하세요.

가 : 언제 시험이 있어요?

나 : 1).. .

가 : 무슨 시험이 있어요?

나 : 2).. .

가 : 언제 고향에 가요?

나 : 3).. 고향에 가요.

10과 한국 생활이 재미있어요

형용사

1. 그림을 보고 알맞은 형용사를 쓰세요.

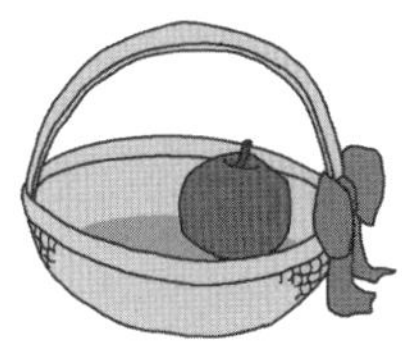

1) 크다 2) .... 3) .... 4) ....

5) .... 6) .... 7) .... 8) ....

9) .... 10) .... 11) .... 12) ....

13) .... 14) .... 15) .... 16) ....

2. 질문에 알맞은 단어를 〈보기〉에서 골라 대화를 만드세요.

보기

맛있다	~~예쁘다~~	좋다
멋있다	비싸다	크다

1) 

가 : 꽃이 어때요?

나 : 꽃이 예뻐요 .

2) 

가 : 오늘 날씨가 어때요?

나 : ....

3) 

가 : 모자가 어때요?

나 : ....

4) 

가 : 아이스크림이 어때요?

나 : ....

5) 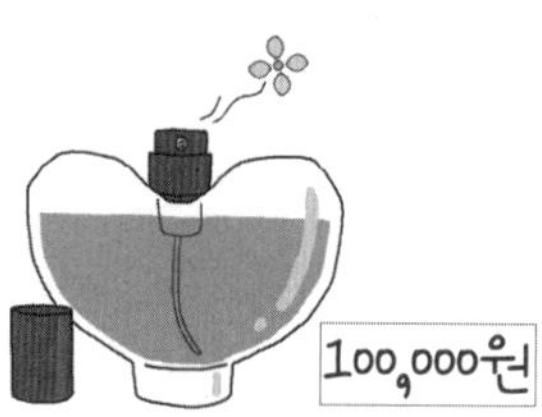

가 : 화장품이 .... ?

나 : ....

6) 

가 : 배우 김민수씨가 .... ?

나 : ....

3. 그림을 보고 〈보기〉와 같이 대화를 완성하세요.

보기

가 : 날씨가 좋아요?

나 : 아니요, 날씨가 나빠요 .

1) 

가 : 투이 씨는 머리가 짧아요?

나 : 아니요, ...

2) 

가 : 가방이 비싸요?

나 : 아니요, ...

3) 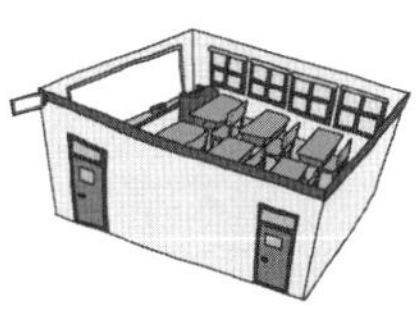

가 : 교실에 학생이 많아요?

나 : 아니요, ...

4) 

195cm

가 : 제프리 씨가 .... ?

나 : 아니요, 키가 커요.

5) 

가 : 책이 재미있어요?

나 : 아니요, ...

-(으)시-

1. 다음 표를 완성하세요.

기본형	-(으)세요	기본형	-(으)세요
가다	가세요	많다	많으세요
오다		좋다	
보다		작다	
읽다		재미있다	
기다리다		친절하다	
운동하다		크다	
청소하다		바쁘다	
※ 먹다		예쁘다	
※ 마시다		선생님이다	
※ 자다		아버지이다	
※ 있다		의사이다	

2. 다음 문장을 <보기>와 같이 바꿔 쓰세요.

보기 친구가 어디에 가요?	어머니가 어디에 가세요?
누나가 예뻐요.	1) 어머니가
동생이 산책을 해요.	2) 어머니가
동생이 재미있어요.	3)
저는 회사원이에요.	4)
친구가 빵을 먹어요	5)

보기 아버지가 멋있으세요.	친구가 멋있어요.
할머니가 친절하세요.	6) 친구가
어머니가 날마다 무엇을 하세요?	7) 친구가
아버지가 바쁘세요.	8)
할아버지가 책을 읽으세요.	9)
선생님이 교실에 안 계세요.	10)

3. 〈보기〉와 같이 대화를 완성하세요.

보기

가 : 브라운 선생님, 한국 노래를 좋아하세요 ?

나 : 네, 좋아해요.

1) 가 : 김수현 선생님, 매일 드라마를 ______________________?

   나 : 네, 매일 봐요.

2) 가 : 제프리 씨, 일요일에 시장에 ______________________?

   나 : 네, 가요.

3) 가 : 압둘라 씨, 요즘 뭘 ______________________?

   나 : 한국어를 배워요.

4) 가 : 투이 씨, 운동을 매일 하세요?

   나 : 아니요, ______________________.

5) 가 : 제프리 씨, 요즘 뭘 하세요?

   나 : 방학이에요. 그래서 ______________________.

도

1. 그림을 보고 〈보기〉와 같이 문장을 완성하세요.

| 보기 |

저는 한국어를 배워요.
영어도 배워요 .

1)

점심에 김밥을 먹어요. ....

2)

주말에 청소를 해요. ....

3)

동생이 개를 좋아해요. ....

4)

도서관에서 공부를 해요. ....

5)

명동에서 친구를 만나요. ....

2. 〈보기〉와 같이 대화를 완성하세요.

보기

가 : 간토야 씨가 책을 읽어요?

나 : 네, 책을 읽어요.

가 : 마키 씨도 책을 읽어요 ?

나 : 네, 마키 씨도 책을 읽어요.

1)

가 : 알렉세이 씨가 청소해요?

나 : 네, 청소해요.

가 : ………………………………?

나 : 네, 지훈 씨도 청소해요.

2)

가 : 윤아 씨가 모자를 사요?

나 : 네, 모자를 사요.

가 : ………………………………?

나 : 아니요, 소라 씨는 옷을 사요.

3)

가 : 이 가방이 비싸요?

나 : 네, 비싸요.

가 : ………………………………?

나 : 아니요, 싸요.

4) 

가 : 커피가 많아요?

나 : 네, 많아요.

가 : 주스도 많아요?

나 : 아니요, ______________________.

5) 

가 : 지영 씨 집이 커요?

나 : 네, 커요.

가 : ______________________?

나 : 아니요, ______________________.

3. 대화를 완성하세요.

가 : 이리나 씨 혼자 살아요?

나 : 아니요, 동생하고 같이 살아요.

가 : 이리나 씨는 키가 커요. 1) ______________________ 키가 커요?

나 : 네, 2) ______________________.

가 : 그럼 어머니가 키가 크세요?

나 : 아니요, 어머니는 3) ______________________.

정답

1과

어휘

1.

1) 한 국 2) 미 국 3) 캐 나 다

4) 러 시 아 5) 중 국 6) 몽 골

7) 일 본 8) 베 트 남 9) 영 국

10) 사 우 디 아 라 비 아

2. ① 경찰관 ② 선생님 ③ 미용사
④ 운동선수 ⑤ 간호사 ⑥ 회사원
⑦ 변호사 ⑧ 통역사 ⑨ 의사 ⑩ 기자
⑪ 가수 ⑫ 요리사

이에요/예요

1. 1) 이에요 2) 이에요 3) 예요 4) 이에요
5) 예요 6) 이에요
2. 1) 한국 사람이에요 2) 베트남 사람이에요
3) 중국 사람이에요
4) 어느 나라 사람이에요 / 미국 사람이에요
5) 어느 나라 사람이에요 / 일본 사람이에요
3. 1) 저는 마이클이에요 / 운동선수예요
2) 저는 제프리예요 / 기자예요
/ 기자예요
3) 이름이 뭐예요 / 저는 김수민이에요
/ 수민 씨는 학생이에요
/ 학생이에요
4) 이름이 뭐예요 / 저는 알렉세이예요
/ 알렉세이 씨는 경찰관이에요
/ 경찰관이에요

이/가 아니에요

1. 1) 이 2) 가 3) 이 4) 이 5) 가 6) 가
2. 1) 아니요, 회사원이 아니에요
2) 아니요, 간호사가 아니에요
3) 의사예요 / 아니요, 의사가 아니에요
4) 경찰관이에요 / 아니요, 경찰관이 아니에요
5) 기자예요 / 아니요, 기자가 아니에요
3. 1) 저는 폼펜이에요 / 아니요, 일본 사람이 아니에요 / 태국 사람이에요
2) 저는 톰이에요 / 아니요, 미국 사람이 아니에요 / 호주 사람이에요
3) 저는 이하늘이에요 / 이하늘 씨는 / 아니요, 학생이 아니에요 / 선생님이에요
4) 저는 압둘라예요 / 압둘라 씨는 / 아니요, 회사원이 아니에요 / 운동선수예요
5) 저는 제시카예요 / 제시카 씨는 / 아니요, 남자가 아니에요 / 여자예요
4. 1) 이름이 뭐예요 2) 어느 나라 사람이에요
3) 이리나 씨는 어느 나라 사람이에요 (이리나 씨는요)
4) 학생이 아니에요
5) 회사원이에요

2과

사물명사

1.

1) | 카 | 메 | 라 | 2) | 안 | 경 | 3) | 지 | 갑 |

4) | 핸 | 드 | 폰 |

2. ① ㄴ ② ㅁ ③ ㄹ ④ ㄱ ⑤ ㄷ
3. ① 시계 ② 텔레비전 ③ 에어컨 ④ 창문
⑤ 달력 ⑥ 지도 ⑦ 휴지통 ⑧ 의자 ⑨ 책상

이/그/저

1. 1) 저게 2) 그게 3) 이게 4) 그게
5) 저게 6) 이게
2. 1) 이게 2) 그게 3) 이게 / 지갑이에요
4) 저게 뭐예요 / 텔레비전이에요
5) 그게 뭐예요 / 라디오예요
3. 1) 지갑이에요.
2) 그게 3) 가방이에요
4) 저게 뭐예요 5) 시계예요

3과

어휘

1.

1) | 커 | 피 | 숍 | | 서 | 점 | | 학 | 교 |

| P | C | 방 |

2. ① ㄷ ② ㄴ ③ ㄹ ④ ㄱ

이/가 있다/없다

1. 1) 이 2) 이 3) 가 4) 가 5) 이 6) 가

에[1]

1. 1)

핸드폰(○)	볼펜 (×)	책(○)
지갑(○)	필통(×)	화장품(×)

(1) 가방에 핸드폰이 있어요
(2) 가방에 볼펜이 없어요
(3) 가방에 책이 있어요
(4) 가방에 지갑이 있어요
(5) 가방에 필통이 없어요
(6) 가방에 화장품이 없어요

2)

책상(○)	의자(×)	휴지통(○)
컴퓨터(×)	텔레비전(○)	

(1) 방에 책상이 있어요
(2) 방에 의자가 없어요
(3) 방에 휴지통이 있어요
(4) 방에 컴퓨터가 없어요
(5) 방에 텔레비전이 있어요
2. 1) 지갑에 있어요
2) 책상에 있어요
3) 필통에 있어요
4) 교실에 있어요
5) 집에 있어요
6) 커피숍에 있어요
3. 1) (교실에) 없어요
2) 휴게실에 있어요

4과

어휘

1. ① 라면　② 빵　③ 주스　④ 사과
   ⑤ 아이스크림

한자어 숫자

1.

1	2	3	4	5	6	7	8	9	10
일	이	삼	사	오	육	칠	팔	구	십
11	12	13	14	15	16	17	18	19	20
십일	십이	십삼	십사	십오	십육	십칠	십팔	십구	이십
30	40	50	60	70	80	90	100	1,000	10,000
삼십	사십	오십	육십	칠십	팔십	구십	백	천	만

2. 1) 일월 / 이월 / 삼월 / 사월 / 오월 / 유월 / 칠월 / 팔월 / 구월 / 시월 / 십일월 / 십이월
3. 1) 십삼　2) 육십구　3) 이십육　4) 삼십칠
   5) 사십일　6) 오백사십　7) 천칠백
4. 1) 삼월 십칠 일이에요
   2) 유월 육 일이에요
   3) 며칠이에요 / 시월 이십일 일이에요
   4) 이층에 있어요
   5) 공일공(에) 오팔칠육(에) 삼오사일 번이에요

가격

1. 1) 구백 원이에요 2) 삼천팔백 원이에요
   3) 만 육천 원이에요
   4) 얼마예요 / 이백칠십 원이에요
   5) 얼마예요 / 이만 사천 원이에요
2. 1) 천사백 원
   2) 얼마예요
   3) 칠백 원
   4) 이천백 원

5과

장소명사

1. (1) ㉢　(2) ㉥　(3) ㉣　(4) ㉤　(5) ㉡
   (6) ㉧　(7) ㉠　(8) ㉦

에 가다

1. 1) 학교에 가요　2) 식당에 가요
   3) 공항에 가요　4) 영화관에　가요
   5) 어디에 가요 / 병원에 가요
   6) 어디에 가요 / 우체국에 가요
   7) 어디에 가요 / 커피숍에 가요

6과

고유어 숫자, 단위명사

1.

1	2	3	4	5	6	7	8	9	10
하나	둘	셋	넷	다섯	여섯	일곱	여덟	아홉	열
한 개	두 개	세 개	네 개	다섯 개	여섯 개	일곱 개	여덟 개	아홉 개	열 개
11	12	13	14	15	16	17	18	19	20
열 하나	열둘	열셋	열넷	열 다섯	열 여섯	열 일곱	열 여덟	열 아홉	스물
열 한개	열 두개	열 세개	열 네개	열다 섯개	열여 섯개	열일 곱개	열여 덟개	열아 홉개	스무 개
30	40	50	60	70	80	90	100	1,000	10,000
서른	마흔	쉰	예순	일흔	여든	아흔	백	천	만

2. 1) 권 2) 명 3) 개 4) 잔 5) 병 6) 장
3. 1) 의자가 세 개 있어요
   2) 사람이 다섯 명 있어요
   3) 개가 두 마리 있어요
   4) 몇 개 있어요 / 휴지통이 한 개 있어요

주문

1. 1) 표 한 장 주세요
   2) 책 다섯 권 주세요
   3) 빵 두 개 주세요
   4) 커피 네 잔 주세요
   5) 빵 한 개, 우유 한 개 주세요.
   6) 주스 두 병, 사과 한 개 주세요.
2. 1) 케이크 한 개, 커피 세 잔, 콜라 한 잔 주스 두 병
   2) 커피 네 잔 3) 주세요
   4) 케이크 한 개, 커피 네 잔, 주스 두 병
   5) 이만 천오백 원

7과

동사

1. 1) 가다 2) 오다 3) 만나다
   4) 씻다 5) 마시다 6) 먹다
   7) 자다 8) 샤워하다 9) 쉬다
   10) 읽다 11) 공부하다 12) 운동하다
   13) 요리하다 14) 기다리다 15) 전화하다
   16) 청소하다

-아/어/여요

1.

기본형	-아/어/여요	기본형	-아/어/여요
가다	가요	오다	와요
보다	봐요	배우다	배워요
마시다	마셔요	쉬다	쉬어요
먹다	먹어요	읽다	읽어요
씻다	씻어요	만들다	만들어요
있다	있어요	없다	없어요
운동하다	운동해요	공부하다	공부해요
청소하다	청소해요	*쓰다	*써요

2. 1) 돈이 없어요 2) 에어컨이 있어요
   3) 매일 샤워해요 4) 집에서 쉬어요
   5) 학생이 공부해요 6) 친구가 한국에 와요

을/를

1. 1) 를 2) 을 3) 를 4) 을 5) 을 6) 를
2. 1) 손을 씻어요
   2) 쿠키를 만들어요
   3) 커피를 마셔요
   4) 한국말을 배워요
   5) 친구를 만나요
   6) 책을 읽어요
3. 1) 한국말을(한국어를) 배워요
   2) 케이크를 만들어요
   3) 텔레비전을 봐요
   4) 무엇을 마셔요
   5) 누구를 만나요

8과

어휘

1) 산책을 하다　2) 과일을 사다
3) 돈을 찾다　4) 아르바이트를 하다
5) 백화점　6) 회사
7) 노래방

안

1. 1) 책을 안 읽어요
   2) 돼지고기를 안 먹어요
   3) 치마를 안 입어요
   4) 영어를 안 배워요
   5) 매일 운동을 안 해요
2. 1) 남자 친구를 안 만나요
   2) 한국 영화를 안 봐요
   3) 아기가 안 자요
   4) 담배를 안 피워요
   5) 김치를 안 먹어요
   6) 공부를 안 해요
   7) 운동을 안 해요
3. 1) 공부를 안 해요 / 자요
   2) 안 쉬어요 / 청소를 해요
   3) 약국에 안 가요 / 병원에 가요
   4) 주스를 안 마셔요 / 커피를 마셔요
   5) 텔레비전을 안 봐요 / 영화를 봐요

에서

1. 1) 도서관에서 책을 읽어요
   2) 약국에서 약을 사요
   3) 커피숍에서 커피를 마셔요
   4) 영화관에서 영화를 봐요
   5) 백화점에서 가방을 사요
   6) 공원에서 자전거를 타요
2. 1) 에　2) 에서　3) 에　4) 에서　5) 에
   6) 에서 7) 에서
3. 1) 영화관에서 영화를 봐요
   2) 시장에서 과일을 사요
   3) 교실에서 압둘라 씨하고 이야기를 해요
   4) 공원에서 사진을 찍어요
   5) 교실에서 공부를 해요
4. 1) 안 자요　2) 공부해요(공부를 해요)
   3) 어디에서

9과

어휘

1. 1)

MON 월요일	TUE (화요일)	WED (수요일)	THU (목요일)	FRI 금요일	SAT (토요일)	SUN (일요일)
					←(주말)→	

2) (1) 오전 (2) 오후 (3) 아침 (4) 점심 (5) 저녁

에

1. 1) 목요일에 생일 파티를 해요
   2) 화요일에 친구를 만나요
   3) 수요일에 영어 수업이 있어요
   4) 토요일에 춤을 배워요
   5) 일요일에 제주도에 가요
2. 1) 오전에 한국어를 공부해요
   2) 오후에 숙제를 해요
   3) 저녁에 운동을 해요

4) 방학에 고향에 가요
5) 주말에 청소를 해요
6) 생일에 파티를 해요

하고

1. 1) 우리 반에 프랑스 학생하고 미국 학생이 없어요
   2) 장핑 씨가 라면하고 김밥을 먹어요
   3) 마키 씨하고 윤아 씨가 도서관에 가요
   4) 수요일하고 금요일에 수영을 해요
   5) 서점에서 교과서하고 사전을 사요
2. 1) 커피하고 콜라를 안 마셔요
   2) 월요일하고 금요일에 운동을 해요
   3) 한국어하고 영어를 배워요
   4) 병원하고 도서관에 가요
   5) 지훈 씨하고 윤아 씨가 영화를 봐요
3. (예시 답안)
   1) 6월 22일에 시험이 있어요
   2) 말하기 시험하고 쓰기 시험이 있어요
   3) 방학에(6월 23일에) 고향에 가요

10과

형용사

1. (1) 크다 (2) 작다 (3) 많다
   (4) 적다 (5) 좋다 (6) 나쁘다
   (7) 길다 (8) 짧다 (9) 비싸다
   (10) 싸다 (11) 재미있다 (12) 재미없다
   (13) 예쁘다 (14) 멋있다 (15) 친절하다
   (16) 아프다
2. 1) 꽃이 예뻐요 2) 오늘 날씨가 좋아요
   3) 모자가 커요 4) 아이스크림이 맛있어요
   5) 어때요 / 화장품이 비싸요
   6) 어때요 / 배우 김민수 씨가 멋있어요
3. 1) 머리가 길어요
   2) 가방이 싸요
   3) 학생이 적어요
   4) 키가 작아요
   5) 책이 재미없어요

-(으)시-

1.

기본형	-(으)세요	기본형	-(으)세요
가다	가세요	많다	많으세요
오다	오세요	좋다	좋으세요
보다	보세요	작다	작으세요
읽다	읽으세요	재미있다	재미있으세요
기다리다	기다리세요	친절하다	친절하세요
운동하다	운동하세요	크다	크세요
청소하다	청소하세요	바쁘다	바쁘세요
※ 먹다	잡수세요/드세요	예쁘다	예쁘세요
※ 마시다	드세요	선생님이다	선생님이세요
※ 자다	주무세요	아버지이다	아버지세요
※ 있다	계세요	의사이다	의사세요

2. 1) 예쁘세요 2) 산책을 하세요
   3) 어머니가 재미있으세요
   4) 어머니가 회사원이세요
   5) 어머니가 빵을 잡수세요(드세요)
   6) 친절해요 7) 날마다 무엇을 해요
   8) 친구가 바빠요 9) 친구가 책을 읽어요
   10) 친구가 교실에 없어요
3. 1) 보세요 2) 가세요
   3) 배우세요 4) 운동을 매일 안 해요
   5) (예시답안) 집에서 쉬어요

도

1. 1) 라면도 먹어요
   2) 빨래도 해요
   3) 고양이도 좋아해요
   4) 책도 읽어요
   5) 쇼핑도 해요
2. 1) 지훈 씨도 청소해요
   2) 소라 씨도 모자를 사요
   3) 저 가방도 비싸요
   4) 적어요
   5) 줄리 씨 집도 커요 / 작아요
3. 1) 동생도
   2) (동생도 키가) 커요
   3) (키가) 작으세요